BACKEN

6 ZUTATEN 1 GERICHT

EINFACH BACKEN MIT MAXIMAL 6 ZUTATEN

Impressum

Edition Michael Fischer GmbH
Donnersbergstr. 7
86859 Igling
www.emf-verlag.de

Rezepte: Gabriele Gugetzer

Rezeptfotos: Claudia Timmann, Hamburg

Zutatenbilder: Claudia Timmann, Hamburg; Guido Schmelich, Holzkirchen; Sabrina Sue Daniels, Frankfurt am Main; außer: Seite 37 (Kaiskynet Studio, Shutterstock)

Covergestaltung und Layout: Verena Raith

Satz: Max Bachmann

Lektorat: Karin Leonhart und Clemens Hoffmann

Gedruckt bei Polygraf Print, Čapajevova 44, 08001 Prešov, Slowakei

BACKEN

6 ZUTATEN 1 GERICHT

EINFACH BACKEN MIT MAXIMAL 6 ZUTATEN

INHALT

GRUNDLAGEN

Backen ist so richtig angesagt. Aber ist Backen nicht auch schwierig oder zumindest fummelig, dieses Abwiegen aufs Gramm genau, nicht die Ofentür öffnen, sonst fällt zusammen, was da gerade schon so schön in der Wohnung duftet? Ach was!

Backen ist einfach!

Halten Sie sich an die leicht verständlichen Erklärungen in den Rezepten, und im Nu gelingt Ihnen auch als Backanfänger ein Baumkuchen! Und wenn Sie dann noch wissen, wie man die Stäbchenprobe durchführt, dann kann eigentlich nichts mehr schiefgehen! Dazu stechen Sie gegen Ende der angegebenen Backzeit mit einem Holzstäbchen in den Kuchen. Bleibt noch Teig daran hängen, muss das Backwerk noch ein wenig im Ofen bleiben. Der Kuchen ist fertig gebacken, wenn das Holzstäbchen beim Herausziehen ohne Teig und Krümel bleibt.

Backen ist preiswert!

Sie können ein ganzes Blech köstliche, typisch italienische Focaccia zaubern zum Preis von nur einem Stück ohne leckere frische Kräuter, das man Ihnen im Edel-Backshop verkauft.

Backen macht Spaß!

Mit maximal sechs Zutaten kreieren Sie Muffins, Omas Napfkuchen, Zwetschgendatschi oder einen köstlichen Rhabarberkuchen mit Baiserhaube. Die meisten Grundzutaten haben Sie sicherlich schon in Ihrem Vorrat. Zucker, Eier, Butter, Mehl, Backpulver, Hefe, ein paar Gewürze – ein bisschen Zauberei und Sie als Bäckerin oder Bäcker, mehr ist gar nicht nötig.

Backen macht Freude!

Laut einer britischen Umfrage finden es 70 Prozent aller Frauen unwiderstehlich, wenn ein Mann sie mit einem selbst gebackenen Kuchen zu verführen versucht ... Und außerdem: Wer freut sich nicht, wenn zum Geburtstag ein mit viel Liebe gebackener Kuchen auf dem Festtagstisch steht?

Also, legen Sie los!

Mit klassischen Weihnachtsplätzchen und Scones, mit Tarte Tatin und glutenfreiem Schokokuchen, mit Amerikanern und Cantuccini, mit Samosas und Baguette. Rezepte aus der ganzen Welt des Backens laden Sie ein, einfach mal Spaß in der Küche zu haben.

KUCHEN

1

2

3

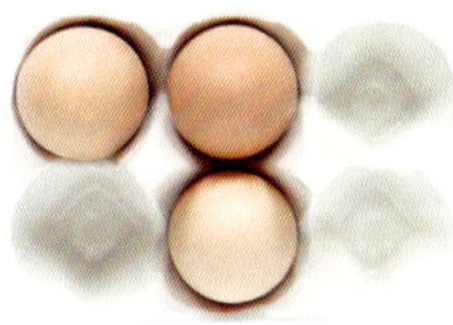

4

5

6

1 *Kastenform (Länge 30 cm)* | **10 MIN** *Zubereitung* **45 MIN** *Backzeit* | *Butter für die Form, Backpulver*

KOKOSKUCHEN

mit Limette

150 g *zimmerwarme Butter*
180 g *Zucker*
3 *Eier*
abgeriebene Schale und Saft von 2 *Bio-Limetten*
200 ml *Kokosmilch (aus der Dose)*
250 g *Mehl*

Den Ofen auf 180 °C vorheizen. Eine Kastenform mit Butter einfetten. Die **BUTTER** mit 150 g **ZUCKER** in einer Schüssel mit dem Handrührgerät schaumig schlagen. Die **EIER** nacheinander dazugeben und unterrühren. Die **LIMETTENSCHALE** mit der **KOKOSMILCH** verrühren und unterziehen. Das **MEHL** mit 1 EL Backpulver mischen, dazusieben und unter die Eiermasse rühren. Den Teig in die Form füllen und im Ofen in 45 Minuten goldbraun backen.

Den **LIMETTENSAFT** mit dem restlichen **ZUCKER** verrühren. Den noch warmen Kuchen gleichmäßig einstechen, den **LIMETTENSAFT** mit einem Pinsel auf der Oberfläche verstreichen. Den Kuchen in der Form abkühlen lassen, danach herausnehmen.

1

2

3

4

5

1 *Springform (ø 24 cm)* | **10 MIN** *Zubereitung* **40 MIN** *Backzeit* | *Butter für die Form*

SCHOKOKUCHEN *ohne Mehl*

4 *Eier*
80 g *Zucker*
150 g *gemahlene Mandeln*
150 g *Zartbitterschokolade (mind. 70 % Kakaogehalt)*
150 g *Butter*

Den Ofen auf 180 °C vorheizen. Die Springform mit Butter einfetten. Die **EIER** trennen. Die Eiweiße mit dem **ZUCKER** steif schlagen und die **GEMAHLENEN MANDELN** unterziehen. Den Eischnee beiseitestellen. Die Eigelbe in einer Schüssel verschlagen.

Die **SCHOKOLADE** mit der **BUTTER** in Stückchen in einer Schüssel über einem heißen Wasserbad zerlassen. Dann die Mischung beiseitestellen. Den Schoko-Butter-Mix portionsweise zu den Eigelben geben und verrühren. Den Mandel-Eischnee unterziehen. Den Teig in die Form füllen und 40 Minuten backen. Einige Minuten in der Form abkühlen lassen, dann vorsichtig aus der Form heben.

1 *Gugelhupfform (ø 24 cm)* | **15 MIN** *Zubereitung* **55 MIN** *Backzeit* | *Butter für die Form, Backpulver*

1

2

3

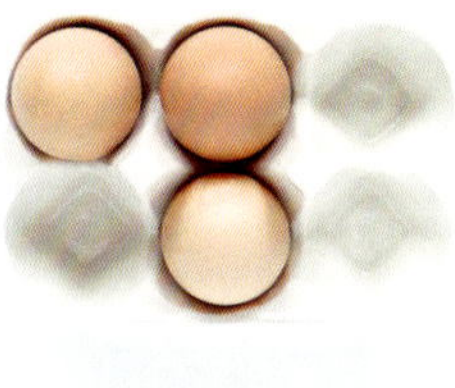

4

5

6

Omas NAPFKUCHEN

250 g *zimmerwarme Butter*
200 g *Zucker*
3 *Eier*
400 g *Mehl*
100 g *Speisestärke*
125 ml *Milch*

Den Ofen auf 180 °C vorheizen. Die Gugelhupfform mit Butter einfetten. Die **BUTTER** mit dem **ZUCKER** in einer Schüssel mit dem Handrührgerät schaumig schlagen. Die **EIER** nacheinander dazugeben und so lange unterrühren, bis die Masse aufhellt und an Volumen zunimmt.

Das **MEHL** mit der **SPEISESTÄRKE** und 1 Päckchen Backpulver mischen, zur Eiermasse sieben und unterrühren. Die **MILCH** dazugießen und unter den Teig mengen. Den Teig in die Gugelhupfform füllen und im Ofen 55 Minuten backen. Mit der Stäbchenprobe testen, ob der Kuchen gar ist (siehe S. 7).

VARIANTE

Wenn Sie eine luftige Konsistenz mögen, ersetzen Sie die Butter durch Margarine und aromatisieren den Kuchen noch mit 1 Päckchen Vanillezucker und abgeriebener Schale von 1 Bio-Zitrone.

TIPP

Nach Belieben 1 Päckchen Vanillezucker mit der Butter und dem Zucker verrühren.

1

2

3
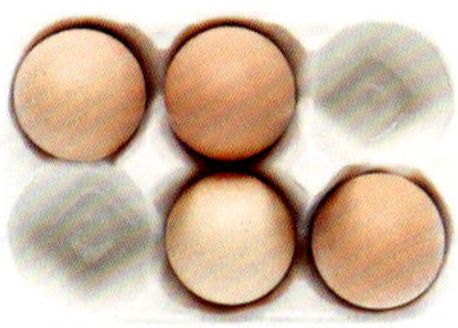

4

5

6

1 *Backblech* | **15 MIN** *Zubereitung* **1 STD** *Backzeit* **20 MIN** *Ruhezeit* | *Backpulver*

ORANGENKUCHEN
vom Blech

250 g *zimmerwarme Butter*
250 g *Zucker*
4 *Eier*
abgeriebene Schale und Saft von 2 *Bio-Orangen*
250 g *Mehl*
4 EL *Puderzucker*

Den Ofen auf 170 °C vorheizen. Ein Backblech mit Backpapier auslegen. Die **BUTTER** mit dem **ZUCKER** in einer Schüssel mit dem Handrührgerät schaumig schlagen. Die **EIER** nacheinander dazugeben und unterrühren. Die Masse so lange weiterrühren bis sie aufhellt und an Volumen zunimmt.

Die **ORANGENSCHALE** mit dem **MEHL** und 2 TL Backpulver mischen und unter die Eiermasse rühren. Den Teig auf dem Backblech verstreichen und im Ofen 1 Stunde backen, dann die Stäbchenprobe machen (siehe S. 7).

Inzwischen den **ORANGENSAFT** mit dem **PUDERZUCKER** glatt verrühren. Den Kuchen herausnehmen und die Oberfläche mit einer Gabel gleichmäßig eng einstechen. Die Orangensaftmischung über den Kuchen gießen und mit einem Pinsel fest in die Teiglöcher drücken. Den Kuchen etwa 20 Minuten durchziehen lassen, dann servieren.

1 

2 

3 

4 

1 *ofenfeste Pfanne (ø 24 cm)* | **10 MIN** *Zubereitung* **25 MIN** *Backzeit*

TARTE TATIN

4 *säuerliche Äpfel (z. B. Boskop)*

80 g *Butter*

80 g *Zucker*

1 *große runde Blätterteigplatte (aus dem Kühlregal)*

Den Ofen auf 230 °C vorheizen. Die **ÄPFEL** schälen, vierteln und entkernen. Die **BUTTER** und den **ZUCKER** in einer ofenfesten Pfanne auf dem Herd zerlassen, bis die Masse etwas braun wird. Die Pfanne vom Herd ziehen und die **BUTTER** etwas abkühlen lassen.

Die Apfelscheiben kreisförmig in die Pfanne legen. Die **TEIGPLATTE** darüberlegen und fest andrücken. Die Tarte im Ofen 25 Minuten backen, bis der Teig aufgegangen und die Tarte knusprig ist. Dann aus dem Ofen herausnehmen und zum Servieren auf eine Kuchenplatte stürzen.

1

2

3

4

5

6

1 *Kastenform (Länge 25 cm)* | **10 MIN** *Zubereitung* **35 MIN** *Backzeit* | *Öl für die Form, Backpulver*

JOGHURTKUCHEN
mit Mohn

250 g *Joghurt (mind. 10 % Fett)*
150 g *Zucker*
3 *Eier*
125 ml *neutrales Pflanzenöl*
80 g *Backmohn*
250 g *Mehl*

Den Ofen auf 180 °C vorheizen. Die Kastenform mit Öl einfetten. Den **JOGHURT** mit dem **ZUCKER** und den **EIERN** in einer Schüssel mit dem Handrührgerät glatt verrühren. Das **PFLANZENÖL** mit dem **BACKMOHN** verrühren und unter die Joghurtmasse rühren, bis alles schön gleichmäßig verteilt ist.

Das **MEHL** mit 2 TL Backpulver mischen und unterziehen. Den Teig in die Kastenform füllen und im Ofen in 35 Minuten goldbraun backen. Aus dem Ofen nehmen und in der Form abkühlen lassen.

VARIANTE

Für feine Zitrusfrische die Schale von 2 Bio-Zitronen abreiben und unter den Teig rühren.

TIPP

Mit Margarine wird der Teig luftiger. Sie können auch nur Butter oder eine Butter-Margarine-Mischung verwenden.

1

2
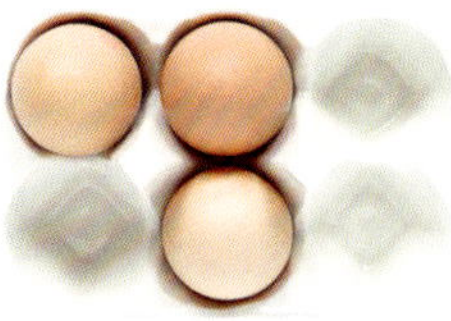

3

4

5

1 *Springform (ø 24 cm)* | **20 MIN** *Zubereitung* **1 STD** *Backzeit* | *Margarine für die Form, Backpulver*

RHABARBERKUCHEN *mit Baiserhaube*

400 g *Rhabarber*
3 *Eier*
250 g *Zucker*
100 g *Margarine*
200 g *Mehl*

Den Ofen auf 170 °C vorheizen. Die Springform mit Margarine einfetten. Den **RHABARBER** putzen, waschen, in fingerdicke Stücke schneiden. Die **EIER** trennen. Die Eiweiße steif schlagen. 150 g **ZUCKER** einrieseln lassen und so lange schlagen, bis die Masse ganz fest ist. Den Eischnee beiseitestellen.

Die **MARGARINE** mit dem restlichen **ZUCKER** in einer großen Schüssel mit dem Handrührgerät schaumig schlagen. Die Eigelbe nacheinander dazugeben und unterrühren, bis die Masse aufhellt. Das **MEHL** mit 2 TL Backpulver mischen, dazusieben und unter die Eiermasse rühren.

Den Teig mit feuchten Händen in die Form drücken und mit den Rhabarberstücken belegen. Den Eischnee darauf verteilen. Den Kuchen im Ofen 1 Stunde backen, dann die Stäbchenprobe machen (siehe S. 7). Den Kuchen vor dem Anschneiden 10 Minuten abkühlen lassen.

1

2

3

4

5
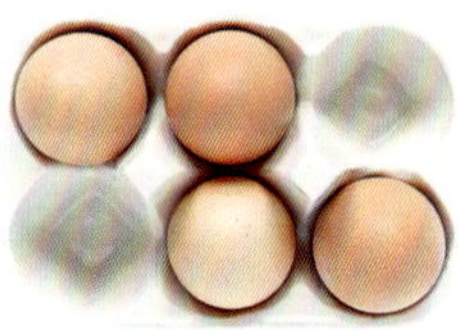

6

1 *Backform (22 x 33 cm)* | **10 MIN** *Zubereitung* **35 MIN** *Backzeit* | *Butter für die Form*

BROWNIES

125 g *Butter*
200 g *Zartbitterschokolade (mind. 70 % Kakaogehalt)*
200 g *Zucker*
1 Päckchen *Vanillezucker*
4 *Eier*
200 g *Mehl*

Den Ofen auf 190 °C vorheizen. Die Backform mit Butter einfetten, mit Backpapier auslegen, dabei etwas Papier zum Herausheben stehen lassen.

BUTTER und **SCHOKOLADE** in Stückchen in eine Schüssel geben und über einem heißen Wasserbad zerlassen, dann beiseitestellen und auf Zimmertemperatur abkühlen lassen. Den **ZUCKER** mit dem **VANILLEZUCKER** unterrühren. Die **EIER** nacheinander dazugeben und mit einem Schneebesen gründlich einrühren, bis alles gut vermengt ist.

Das **MEHL** unter die Eiermasse rühren. Den Teig in die Form füllen und im Ofen 35 Minuten backen. Dann die Stäbchenprobe machen (siehe S. 7). Den Brownieteig aus der Backform heben und abkühlen lassen, danach in Stücke schneiden.

1 *Kastenform (Länge 24 cm)* | **10 MIN** *Zubereitung* **50 MIN** *Backzeit* | *Butter für die Form, Backpulver*

NUSSKUCHEN

1 

250 g *zimmerwarme Butter*

2 

150 g *Zucker*

3 

4 *Eier*

4 

200 g *Mehl*

5 

200 g *gemahlene Haselnüsse*

6 

50 ml *Milch*

Den Ofen auf 180 °C vorheizen. Die Kastenform mit Butter einfetten. Die **BUTTER** mit dem **ZUCKER** in einer Schüssel mit dem Handrührgerät schaumig schlagen. Die **EIER** nacheinander dazugeben und jeweils 1 Minute unterrühren.

Das **MEHL** mit 2 TL Backpulver mischen, zur Eiermasse sieben und unterrühren. Die **GEMAHLENEN HASELNÜSSE** mit der **MILCH** verrühren und unter den Teig ziehen. Den Teig in die Kastenform füllen und im Ofen 50 Minuten backen, dann die Stäbchenprobe machen (siehe S. 7).

VARIANTE

Mit einem Schokoladenguss schmeckt der Kuchen noch besser. Dafür 200 g Zartbitterschokolade klein hacken und in einem Topf im abgeschalteten, aber noch warmen Ofen zerlassen. Den Kuchen 10 Minuten abkühlen lassen, dann aus der Form nehmen und auf einem Kuchengitter mit der Schokolade überziehen. Den Guss in etwa 3 Stunden fest werden lassen.

TIPP

Exotischer wird der Kuchen, wenn Sie noch 1 TL Zitronengraspulver (aus dem Asialaden oder Onlineshop) unter den Teig rühren.

1

2

3

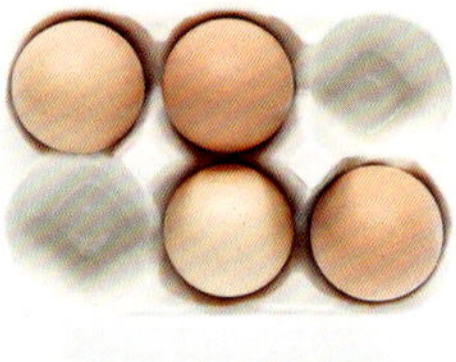

4

5

6

1 *Backblech* | **15 MIN** *Zubereitung* **1 STD** *Backzeit* **1 STD** *Ruhezeit* | *Backpulver*

ZITRONENKUCHEN
vom Blech

250 g *Margarine*
250 g *Zucker*
4 *Eier*
400 g *Mehl*
abgeriebene Schale und Saft von 2 *Bio-Zitronen*
100 g *Puderzucker*

Den Ofen auf 180 °C vorheizen. Das Backblech mit Backpapier auslegen. Die **MARGARINE** mit **ZUCKER** in einer Schüssel mit dem Handrührgerät schaumig schlagen. Die **EIER** nacheinander dazugeben und unterrühren. Alles mindestens 4 Minuten weiterschlagen, bis die Masse aufhellt und luftig wird.

Das **MEHL** mit 2 TL Backpulver mischen und mit der **ZITRONENSCHALE** zur Eiermasse geben, unterrühren. Den Teig auf dem Backblech verstreichen und im Ofen 1 Stunde backen, dann die Stäbchenprobe machen (siehe S. 7).

Den **ZITRONENSAFT** mit dem **PUDERZUCKER** zu einem relativ flüssigen Guss verrühren. Den ofenwarmen Kuchen damit bestreichen, dann abkühlen und den Guss in 1 Stunde fest werden lassen.

1

2

3

4

5

6

1 *Springform (ø 24 cm)* | **20 MIN** *Zubereitung* **45 MIN** *Backzeit* | *Butter für die Form, Backpulver*

Gedeckter APFELKUCHEN

1 kg *Äpfel*
150 g *Zucker*
125 g *zimmerwarme Butter*
1 *Ei*
3 EL *Speisequark (20 % Fett i. Tr.)*
250 g *Mehl*

Den Ofen auf 170 °C vorheizen. Die Springform mit Butter einfetten. Die **ÄPFEL** waschen, schälen, halbieren, entkernen und in feine Streifen schneiden. In einem Topf mit 2 EL **ZUCKER** und 100 ml Wasser einmal aufkochen. Die Apfelstreifen zugedeckt 10 Minuten köcheln lassen, bis sie weicher sind und das Wasser verkocht ist.

Die **BUTTER** mit dem übrigen **ZUCKER** mit dem Handrührgerät schaumig schlagen. Das **EI** und den **QUARK** dazugeben und unterrühren.

Das **MEHL** mit 2 TL Backpulver mischen und unter die Butter-Zucker-Masse rühren. Zwei Drittel des Teigs in die Form geben. Die Apfelmasse darauf verteilen und den restlichen Teig darüberlöffeln. Im Ofen 45 Minuten backen.

VARIANTE

Die Äpfel mit 1 TL Zimtpulver, 2 EL Rum oder 4 EL Rosinen köcheln lassen. Oder den Kuchen nach dem Auskühlen mit Puderzuckerguss überziehen.

TIPP

Perfekt zum Frühstück und zum Brunch, zu Süßem und Herzhaftem wie Käse und Schinken.

1 

2 

3 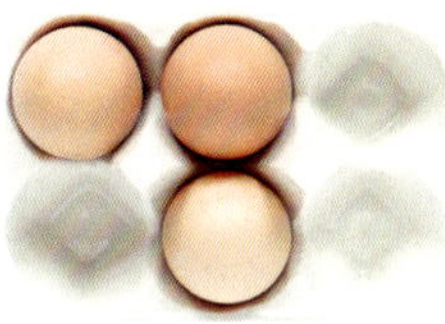

4 

5 

1 *Kastenform (Länge 25 cm)* | **25 MIN** *Zubereitung* **16 STD** *Ruhezeit* **30 MIN** *Backzeit* | *Salz, Butter für die Form*

BRIOCHE

1 EL *Trockenhefe*
2 EL *Zucker*
3 *Eier*
125 g *zimmerwarme Butter*
250 g *Mehl*

HEFE und **ZUCKER** in 50 ml lauwarmem Wasser auflösen und 10 Minuten stehen lassen, bis sie schäumt. **EIER** und **BUTTER** mit dem Handrührgerät verquirlen, die Hefemischung unterrühren. **MEHL** und 1 TL Salz mischen und dazusieben. Alles mit den Knethaken des Handrührgeräts etwa 10 Minuten kneten, bis ein glatter Teig entsteht.

Den Teig abgedeckt an einem warmen Ort in etwa 2 Stunden auf das Doppelte aufgehen lassen. Dann nochmals durchkneten. Mit Frischhaltefolie abgedeckt an einem kalten Ort über Nacht ruhen lassen, bis der Teig auf das Doppelte aufgegangen ist.

Die Kastenform mit Butter einfetten. Den Teig mit den Knethaken des Handrührgeräts durchrühren und in die Form geben. Abgedeckt an einem warmen Ort 2 Stunden gehen lassen.

Den Ofen auf 220 °C vorheizen. Das Brot im Ofen 30 Minuten backen. Dann 2 Minuten abkühlen lassen. Klingt es beim Klopfen auf die Unterseite hohl, ist das Brot gar.

1 

2 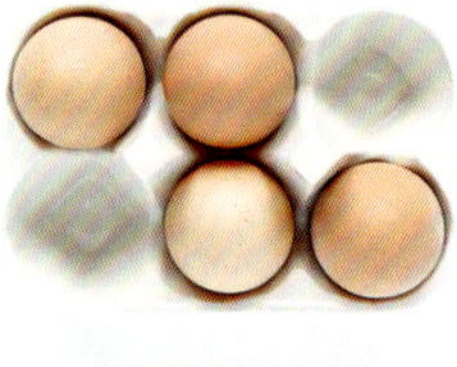

3 

4 

5 

6 

1 *Backblech* | **20 MIN** *Zubereitung*
40 MIN *Backzeit*
10 MIN *Ruhezeit* | *Butter fürs Blech, Backpulver*

BUTTERKUCHEN
mit Mandeln

250 g *Sahne*
4 *Eier*
300 g *Zucker*
300 g *Mehl*
125 g *Butter*
150 g *Mandelblättchen*

Den Ofen auf 160 °C vorheizen. Das Backblech mit Butter einfetten. Die **SAHNE** mit den Quirlen des Handrührgeräts steif schlagen. Die **EIER** verschlagen und unter die **SAHNE** rühren. 150 g **ZUCKER** unter die **SAHNE** rühren. Das **MEHL** mit 1 Päckchen Backpulver mischen, dazusieben und mit der Sahnemischung verrühren. Den Teig auf dem Backblech verteilen und im Ofen in 20 Minuten goldbraun backen.

Inzwischen die **BUTTER** in einem Topf zerlassen, die **MANDELBLÄTTCHEN** darin schwenken. Den Kuchen herausnehmen und mit dem restlichen **ZUCKER** bestreuen. Die Buttermandeln darauf verteilen. Den Kuchen weitere 20 Minuten backen, bis die **MANDELN** leicht gebräunt sind. Vor dem Aufschneiden noch 10 Minuten auf dem Blech ruhen lassen.

TIPP

Schmeckt auch mit Aprikosen oder einer Mischung aus beiden Früchten.

1 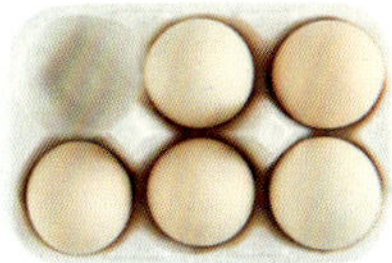

2 

3 

4 

5 

1 *Backblech* | **20 MIN** *Zubereitung* **45 MIN** *Backzeit* **10 MIN** *Ruhezeit* | *Backpulver*

PFLAUMENKUCHEN
vom Blech

5 *Eier*
300 g *Pflaumen*
125 g *Margarine*
125 g *feinster Zucker*
125 g *Mehl*

Den Ofen auf 180 °C vorheizen. Ein Backblech mit Backpapier auslegen. Die **EIER** trennen. Die Eiweiße gut steif schlagen und beiseitestellen. Die **PFLAUMEN** waschen, halbieren, entsteinen und vierteln. Die **MARGARINE** mit dem **ZUCKER** in einer Schüssel mit dem Handrührgerät schaumig schlagen. Die Eigelbe nacheinander dazugeben und unterrühren.

Das **MEHL** mit 2 TL Backpulver mischen und die Mischung im Wechsel mit dem Eischnee vorsichtig unter den Teig heben. Den Teig auf dem Backblech verstreichen und die Pflaumenviertel in den Teig stecken. Den Teig im Ofen 45 Minuten backen, dann die Stäbchenprobe machen (siehe S. 7). Vor dem Aufschneiden noch 10 Minuten auf dem Blech auskühlen lassen.

TIPP

Den Baumkuchen mit Walnusshälften oder Marzipan in Blattform dekorieren oder den Teig mit 2 EL Rum aromatisieren.

1
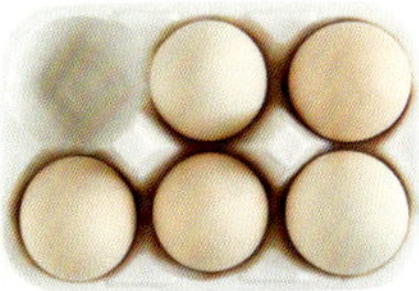

2

3

4

5

6

1 *Springform (ø 24 cm)* | **15 MIN** *Zubereitung* **20 MIN** *Backzeit* | *Butter für die Form*

BAUMKUCHEN

5 *Eier*
250 g *Zucker*
250 g *Butter*
250 g *Weizenpuder (Supermarkt)*
50 g *gemahlene Mandeln*
150 g *Zartbitterschokolade (mind. 70 % Kakaogehalt)*

Den Ofen auf Grillfunktion schalten. Die Springform mit Butter einfetten. Die **EIER** trennen. Die Eiweiße mit 1 EL **ZUCKER** steif schlagen. Die **BUTTER** mit dem restlichen **ZUCKER** mit dem Handrührgerät schaumig schlagen. Die Eigelbe nacheinander unterrühren, so lange weiterschlagen, bis die Masse aufhellt.

Den **WEIZENPUDER** mit den **MANDELN** mischen und im Wechsel mit dem Eischnee unter die Eigelbmasse ziehen. Der Teig ist sehr flüssig. 2 EL Teig auf dem Boden der Form glatt verstreichen, im Ofen in 1 Minute goldbraun backen. Dann 1 EL Teig daraufstreichen und in etwa 40 Sekunden goldbraun backen. Den übrigen Teig genauso verarbeiten.

Den Baumkuchen abkühlen lassen. Die **SCHOKOLADE** in einer Schüssel über einem heißen Wasserbad zerlassen und den Kuchen damit bestreichen.

1 

2 

3 

4 

5 

1 *Springform (ø 16 cm)* | **10 MIN** *Zubereitung* **30 MIN** *Backzeit* | *Butter für die Form*

SHORTBREAD-TORTE

mit Ingwer

8 Stücke *kandierter Ingwer*
100 g *zimmerwarme Butter*
80 g *Zucker*
abgeriebene Schale von 1 *Bio-Zitrone*
200 g *Mehl*

Den Ofen auf 150 °C vorheizen. Die Springform mit Butter einfetten. Den **INGWER** ganz fein hacken. Die Ingwerstückchen mit **BUTTER, ZUCKER, ZITRONENSCHALE** und **MEHL** in einer Schüssel verrühren. Den Teig mit den Händen in die Form drücken und mit einer Gabel gleichmäßig eng einstechen.

Den Teig im Ofen in 30 Minuten goldbraun backen, danach in der Form abkühlen lassen. Die Torte aus der Form nehmen und in Stücke schneiden.

1 

2 

3 

4 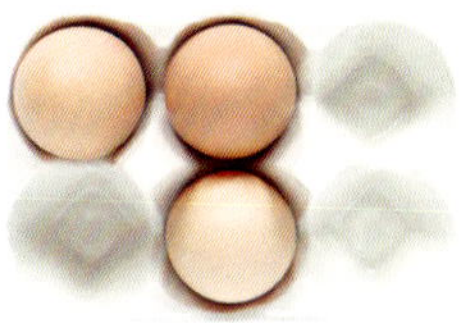

5 

6 

1 *Backform (20 × 20 cm)* | **10 MIN** *Zubereitung* **40 MIN** *Backzeit* | *Öl für die Form, Backpulver, Backnatron*

BANANENKUCHEN
mit Möhrenraspeln

1 *reife Banane*
3 *Möhren*
100 ml *neutrales Pflanzenöl*
3 *Eier*
100 g *Zucker*
200 g *Mehl*

Den Ofen auf 170 °C vorheizen. Die quadratische Backform mit Öl einfetten. Die **BANANE** schälen und mit einer Gabel zerdrücken. Die **MÖHREN** putzen, schälen und fein raspeln.

PFLANZENÖL und **EIER** in eine Schüssel geben und mit dem Handrührgerät verrühren. **BANANE,** geraspelte **MÖHREN** und **ZUCKER** dazugeben und unterrühren.

Das **MEHL** mit 2 TL Backpulver und 1 TL Backnatron mischen, zur Bananen-Möhren-Masse sieben und unterrühren. Den Teig in die Form füllen und im Ofen in 40 Minuten goldbraun backen.

MUFFINS, TÖRTCHEN & CO.

1

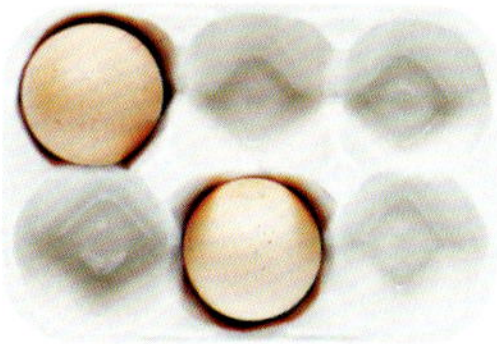

2

3

4

5

1 *Muffinblech*
12 *Stück*

5 MIN *Zubereitung*
20 MIN *Backzeit*

Öl für die Form, Backpulver

MUFFINS
für Einsteiger

2 *Eier*
125 ml *neutrales Pflanzenöl*
250 ml *Milch*
200 g *Zucker*
400 g *Mehl*

Den Ofen auf 180 °C vorheizen. Das Muffinblech mit Öl einfetten. Die **EIER** mit dem **ÖL,** der **MILCH** und dem **ZUCKER** in einer großen Schüssel verrühren. Das **MEHL** mit 1 Päckchen Backpulver mischen, zu der Eiermasse geben. Mit dem Handrührgerät nur kurz unterrühren, bis sich der Teig bindet.

Den Teig in die Vertiefungen des Muffinblechs löffeln und im Ofen in 20 Minuten goldbraun backen. Die Muffins herausnehmen und abkühlen lassen.

VARIANTE

Den Teig mit 1 Tafel Schokolade, 50 g Nüssen nach Wahl oder 50 g Trockenfrüchten, jeweils klein gehackt, nach Geschmack verfeinern (wie auf dem Foto zu sehen).

TIPP

Scones passen besonders gut zu Zitrusmarmelade oder Erdbeerkonfitüre.

10 *Stück* | **10 MIN** *Zubereitung* **15 MIN** *Backzeit* | *Backpulver, Mehl zum Arbeiten*

SCONES
mit Buttermilch

1

250 g *Buttermilch*
2

400 g *Mehl*

100 g *eiskalte Butter in Würfeln*

80 g *Zucker*

3

4

Den Ofen auf 220 °C vorheizen. Ein Backblech mit Backpapier auslegen. Die **BUTTERMILCH** in einem ofenfesten Topf im aufheizenden Ofen erwärmen. Inzwischen das **MEHL** mit 1 TL Backpulver in einer großen Schüssel mischen. Die **BUTTER** mit den Fingern unter das **MEHL** reiben, bis Krümel entstehen.

Die **BUTTERMILCH** mit **ZUCKER** portionsweise zu den Teigkrümeln geben und mit einem Messer so lange bearbeiten, bis ein Teig entsteht.

Den Teig auf einer bemehlten Arbeitsfläche in 10 Stücke teilen, diese zu Kugeln rollen und überschüssiges Mehl abklopfen. Die Teigstücke etwas flach drücken und auf das Backblech legen. Im Ofen in 10–15 Minuten backen, bis sie goldbraun und aufgegangen sind.

TIPP

2 EL Ahornsirup zusätzlich im Teig machen die Muffins so richtig kanadisch.

1 

2 

3 

4 

5 

6 

1 *Muffinblech*
12 *Stück*

10 MIN *Zubereitung*
20 MIN *Backzeit*

Butter für die Form, Backpulver

Klassische HEIDELBEERMUFFINS

200 g *Heidelbeeren*
100 g *zimmerwarme Butter*
150 g *Zucker*
1 *Ei*
300 g *Mehl + Mehl für die Beeren*
125 g *Buttermilch*

Den Ofen auf 180 °C vorheizen. Das Muffinblech mit Butter einfetten. Die **HEIDELBEEREN** verlesen, waschen, trocken tupfen und mit etwas **MEHL** bestäuben, damit die Beeren sich später im Teig schön gleichmäßig verteilen.

Die **BUTTER** mit dem **ZUCKER** in einer Schüssel mit dem Handrührgerät schaumig schlagen. Das **EI** dazugeben und unterrühren. Das **MEHL** mit 2 TL Backpulver mischen und unter die Eiermasse rühren. **BUTTERMILCH** und **HEIDELBEEREN** untermischen. Den Teig in die Vertiefungen des Muffinblechs füllen und im Ofen in 20 Minuten goldbraun backen. Herausnehmen und abkühlen lassen.

TIPP

Mit Puderzucker oder Kakaopulver bestreuen und sofort servieren.

1 

2 

3 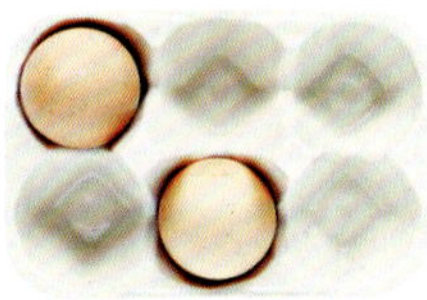

4 

5 

4 *Auflaufförmchen à ø 10 cm*
4 *Stück*

10 MIN *Zubereitung*
12 MIN *Backzeit*

Butter für die Förmchen

SCHOKOLADEN-*fondant*

100 g *Zartbitterschokolade (mind. 70 % Kakaogehalt)*
50 g *Butter*
2 *Eier*
50 g *Zucker*
50 g *Mehl*

Den Ofen auf 180 °C vorheizen. Die Förmchen mit Butter einfetten. Die **SCHOKOLADE** und die **BUTTER** in Stückchen in eine Schüssel geben und über einem heißen Wasserbad zerlassen. Dann beiseitestellen und etwas abkühlen lassen.

Die **EIER** und den **ZUCKER** mit dem Handrührgerät schaumig schlagen. Das **MEHL** dazusieben. Den Schokoladen-Butter-Mix portionsweise einrühren. Den Teig in die Auflaufförmchen füllen und im Ofen 12 Minuten backen. Herausnehmen und den Fondant mit einem Messer vorsichtig aus den Formen lösen und auf Dessertteller stürzen.

1 

2 

3 

4 

5 

6 

12 *Stück* | **25 MIN** *Zubereitung* **20 MIN** *Backzeit* | *Backpulver*

AMERIKANER

150 g *zimmerwarme Butter*
200 g *Zucker*
4 *Eier*
500 g *Mehl*
200 ml *Milch*
400 g *Puderzucker*

Den Ofen auf 180 °C vorheizen. Ein Backblech mit Backpapier auslegen. Die **BUTTER** mit dem **ZUCKER** in einer Schüssel mit dem Handrührgerät in mehreren Minuten schaumig schlagen. Die **EIER** nacheinander dazugeben und gut unterrühren. Das **MEHL** mit 1 Päckchen Backpulver mischen. Die Hälfte davon auf die Eiermasse sieben und mit der Hälfte der **MILCH** unterrühren. Diesen Vorgang mit dem Rest der Mehlmischung und der Milch wiederholen.

Mit einem Esslöffel Teigkugeln abstechen und diese im Abstand von 3 cm auf das Backblech setzen. Den Teig im Ofen 20 Minuten backen, dann die Stäbchenprobe machen (siehe S. 7). Die Küchlein aus dem Ofen nehmen und mit der flachen Seite nach oben auf einem Kuchengitter auskühlen lassen. Den **PUDERZUCKER** mit 2 EL Wasser zu einem festen Guss verrühren. Die abgekühlten Amerikaner mit dem Zuckerguss bestreichen.

1 *Muffinblech*
6 *Stück*

10 MIN *Zubereitung*
25 MIN *Backzeit*

Butter für die Form,
Backpulver

MARMOR-MINIS
mit Schmand

1

200 g *Butter*
150 g *Zucker*

2

2 *Eier*
200 g *Mehl*
200 g *Schmand*
3 EL *Backkakaopulver*

3

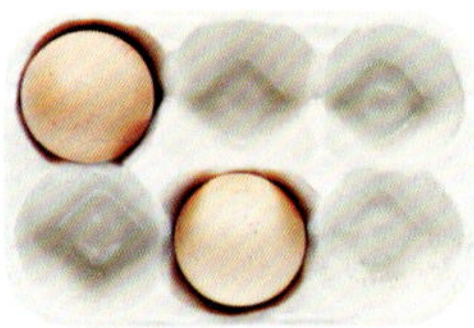

Den Ofen auf 180 °C vorheizen. Das Muffinblech mit Butter einfetten. Die **BUTTER** mit dem **ZUCKER** in einer großen Schüssel mit dem Handrührgerät schaumig schlagen. Die **EIER** nacheinander zur Butter-Zucker-Mischung dazugeben und unterrühren.

4

Das **MEHL** mit 1 TL Backpulver mischen, dazusieben und zügig unter die Eiermasse rühren. Den **SCHMAND** ebenfalls einrühren. Die Hälfte des Teigs in die Vertiefungen des Muffinblechs füllen. Den **BACKKAKAO** mit dem übrigen Teig verrühren. Den Kakaoteig auf den hellen Teig löffeln und mit einer Gabel durchrühren. Den Teig im Ofen 25 Minuten backen, dann die Stäbchenprobe machen (siehe S. 7). Das Blech herausnehmen und die Muffins abkühlen lassen.

5

6

TIPP

Die Quarkteilchen noch mit 2 EL Puderzucker bestreuen.

1

2

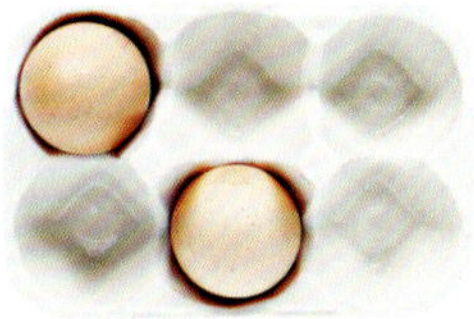

3

4

5

6

4 *Stück* | **10 MIN** *Zubereitung* **20 MIN** *Backzeit*

QUARKTEILCHEN

4 *kleine Platten Blätterteig, rechteckig geschnitten (aus dem Kühlregal)*

2 *Eier*

250 g *Speisequark (40 % Fett i. Tr.)*

50 g *Zucker*

abgeriebene Schale von 1 *Bio-Zitrone*

50 g *getrocknete Cranberrys*

Den Ofen auf 220 °C vorheizen. Ein Backblech mit Backpapier auslegen. Die **BLÄTTERTEIGPLATTEN** auf eine Arbeitsfläche legen. 1 **EI** trennen, das Eigelb verquirlen und beiseitestellen. Den **QUARK** mit dem ganzen **EI,** dem Eiweiß und dem **ZUCKER** in einer Schüssel mit dem Handrührgerät schaumig schlagen. Die **ZITRONENSCHALE** unterrühren.

Die Masse in die Mitte der einzelnen **TEIGPLATTEN** geben und die **CRANBERRYS** darüberstreuen. Den Teig an den Seiten hochklappen und mit dem Eigelb bestreichen. Die Quarkteilchen im Ofen in 20 Minuten goldbraun backen. Herausnehmen und etwas abkühlen lassen.

VARIANTE

Die Cranberrys sind säuerlich im Geschmack. Wer das nicht mag, kann zum Beispiel auch Rosinen nehmen.

1 *Muffinblech*
12 *Stück*

10 MIN *Zubereitung*
20 MIN *Backzeit*

Öl für die Form, Backpulver, Backnatron

HIMBEERKÜCHLEIN

1 

2 

3 

4 

5 

6 

1 *Ei*
250 g *Schmand*
80 ml *neutrales Pflanzenöl*
80 g *Zucker*
300 g *Mehl*
200 g *Himbeeren*

Den Ofen auf 180 °C vorheizen. Das Muffinblech mit Öl einfetten. Das **EI** mit dem **SCHMAND, ÖL** und **ZUCKER** in einer Schüssel verrühren. Das **MEHL** mit 2 TL Backpulver und ½ TL Backnatron mischen, dazusieben und unter die Schmandmasse rühren.

Die **HIMBEEREN** verlesen und vorsichtig unter den Teig mischen. Den Teig in die Vertiefungen des Muffinblechs füllen und im Ofen in 20 Minuten goldbraun backen. Die Küchlein herausnehmen und abkühlen lassen.

KEKSE, PLÄTZCHEN & CO.

TIPP

Anstelle eines Schokoladenüberzugs können die Makronen auch mit flüssiger Schokolade in Tropfen oder Fäden dekoriert werden.

1

2

3

4

5

25 *Stück* | **10 MIN** *Zubereitung* **20 MIN** *Backzeit*

KOKOS-SCHOKO-
Makronen

3 *Eiweiß*
80 g *Zucker*
1 Päckchen *Vanillezucker*
200 g *Kokosraspel*
100 g *Zartbitterschokolade (mind. 70 % Kakaogehalt)*

Den Ofen auf 150 °C vorheizen. Ein Backblech mit Backpapier auslegen. Die **EIWEISSE** mit **ZUCKER** und **VANILLEZUCKER** mit dem Handrührgerät so lange schlagen, bis die Masse glänzt und fester wird. Die **KOKOSRASPEL** unterrühren.

Die Eiweiß-Kokos-Masse mit einem Eisportionierer im Abstand von 4 cm als Kugeln auf das Backblech setzen und im Backofen in 20 Minuten goldbraun backen. Herausnehmen und abkühlen lassen.

Die **SCHOKOLADE** in eine Schüssel bröckeln und über einem heißen Wasserbad zerlassen. Die abgekühlten Makronen mit **SCHOKOLADE** überziehen.

1

2

3

4

5

15 *Stück* | **10 MIN** *Zubereitung* **10 MIN** *Backzeit* | *Backpulver*

Chocolate Chip COOKIES

100 g *Butter*
120 g *Zucker*
1 *Ei*
150 g *Mehl*
100 g *Zartbitterschokolade (mind. 70 % Kakaogehalt)*

Den Ofen auf 190 °C vorheizen. Ein Backblech mit Backpapier auslegen. Alle Zutaten, bis auf die **ZARTBITTERSCHOKOLADE,** mit 1 TL Backpulver in einer Schüssel vermengen. Die **SCHOKOLADE** fein reiben oder hacken und unter den Teig rühren. (Falls der Teig dafür zu zäh ist, die Schokoladenstücke auf die Teigkugeln streuen und in den Teig drücken.)

Den Teig mit einem Eisportionierer oder Melonenkugelausstecher abstechen und die Kugeln im Abstand von etwa 3 cm auf das Backblech setzen. Im Ofen 10 Minuten backen, bis die Kugeln zerlaufen und gar sind. Die Cookies herausnehmen und auf einem Kuchengitter abkühlen lassen. Dabei werden sie schön knusprig.

1

2

3

4

5

6

50 *Stück* | **10 MIN** *Zubereitung* **25 MIN** *Backzeit* | *Backpulver*

MANDELKEKSE
(Cantuccini)

300 g *ganze Mandeln*
100 g *Butter*
5 *Eier*
1 Päckchen *Vanillezucker*
200 g *Zucker*
450 g *Mehl*

Den Ofen auf 190 °C vorheizen. Zwei Backbleche mit Backpapier auslegen. Die **MANDELN** auf einem Blech verteilen und im Ofen 5 Minuten rösten, bis sie duften. Die **BUTTER** in einem ofenfesten Topf im noch heißen Ofen zerlassen. Beides herausnehmen und abkühlen lassen.

1 **EI** trennen, das Eiweiß beiseitestellen. Das Eigelb mit den übrigen **EIERN, VANILLEZUCKER** und **ZUCKER** verrühren und mit dem Handrührgerät schaumig schlagen. Die flüssige **BUTTER** unterrühren.

Das **MEHL** mit ½ TL Backpulver mischen, zur Eiermasse sieben und unterrühren. Die gerösteten **MANDELN** untermischen. Den Teig etwa fingerdick in 4 Streifen im Abstand von etwa 2 cm quer auf einem Backblech verstreichen und im Ofen in 25 Minuten goldbraun backen.

Das Eiweiß verquirlen. Den gebackenen Keksteig herausnehmen, mit Eiweiß bestreichen und das Eiweiß trocknen lassen. Dann mit einem scharfen Messer zu fingerdicken Cantuccini schneiden.

TIPP

Nach Belieben noch ½ TL gemahlene Muskatnuss und 1 Messerspitze gemahlene Nelke unter das Mehl mischen.

1

2

3

4

5

6

30 *Stück* | **20 MIN** *Zubereitung* **1 STD** *Ruhezeit* **15 MIN** *Backzeit*

NUSSKIPFERL

175 g *zimmerwarme Butter*
75 g *Zucker*
2 *Eigelb*
200 g *Mehl*
200 g *gemahlene Haselnüsse*
100 g *Zartbitterschokolade (mind. 70 % Kakaogehalt)*

Die **BUTTER** mit dem **ZUCKER** mit dem Handrührgerät schaumig schlagen. Die **EIGELBE** nacheinander dazugeben und unterrühren. Das **MEHL** mit den **GEMAHLENEN HASELNÜSSEN** mischen und unter die Eigelbmasse rühren. Den Teig in Frischhaltefolie wickeln und 1 Stunde kühl stellen.

Den Ofen auf 175 °C vorheizen. Ein Backblech mit Backpapier auslegen. Den Teig zwischen Frischhaltefolie zu einer fingerdicken Rolle formen, davon 30 etwa 2 cm lange Stücke abschneiden und zu Kipferln formen. Die Kipferl im Abstand von 2 cm auf das Backblech legen und im Ofen 15 Minuten backen. Auf einem Kuchengitter abkühlen lassen.

Die **SCHOKOLADE** in einer Schüssel über einem heißen Wasserbad zerlassen. Die Kipferl mit der Spitze einer Seite in die **SCHOKOLADE** tauchen und auf dem Kuchengitter abtropfen lassen.

TIPP

Die Plätzchen mit Puderzuckerguss bestreichen, in den noch feuchten Guss feine Orangenschalenstreifen drücken.

1

2

3

4

5

6

30 *Stück* | **10 MIN** *Zubereitung* **1 STD** *Ruhezeit* **15 MIN** *Backzeit*

ORANGENPLÄTZCHEN

200 g *Butter*
120 g *Zucker*
1 *Eigelb*
abgeriebene Schale von 1 *Bio-Orange*
120 g *gemahlene Mandeln*
250 g *Mehl*

Die **BUTTER** mit dem **ZUCKER** in einer Schüssel mit dem Handrührgerät schaumig schlagen. Das **EIGELB** unterrühren. Die **ORANGENSCHALE** mit den gemahlenen **MANDELN** und dem **MEHL** unter die Eigelbmasse rühren. Den Teig in Frischhaltefolie wickeln und 1 Stunde kühl stellen.

Den Ofen auf 175 °C vorheizen. Ein Backblech mit Backpapier auslegen. Den Teig zwischen Frischhaltefolie etwa 3 mm dick ausrollen. Mit einem mittelgroßen Ausstecher nach Wahl 30 Motive ausstechen. Die Plätzchen mit etwas Abstand auf das Backblech legen und im Backofen in etwa 15 Minuten goldbraun backen. Die Plätzchen aus dem Ofen nehmen und abkühlen lassen.

TIPP

Für den Guss den Puderzucker nicht mit Wasser, sondern mit Orangenlikör (z. B. Cointreau) verrühren.

30 *Stück* | **20 MIN** *Zubereitung* **1 STD** *Ruhezeit* **15 MIN** *Backzeit*

SCHOKOLADENKEKSE
mit Orange

1

2

3

4

5

6

120 g *zimmerwarme Butter*
100 g *Zucker*
1 *Bio-Orange*
3 EL *Backkakaopulver*
200 g *Mehl*
80 g *Puderzucker*

Die **BUTTER** mit dem **ZUCKER** mit dem Handrührgerät schaumig schlagen. Die **ORANGE** waschen und abtrocknen, die Schale in feinen Streifen abziehen und beiseitelegen. 2 EL Orangensaft auspressen und mit dem **BACKKAKAO** verrühren. Mit dem **MEHL** unter die Butter-Zucker-Masse rühren. Den Teig in Frischhaltefolie wickeln und 1 Stunde kühl stellen.

Den Ofen auf 180 °C vorheizen. Ein Backblech mit Backpapier auslegen. Den Teig zwischen Frischhaltefolie zu einer etwa 4 cm dicken Rolle formen, davon 30 etwa 3 mm dicke Stücke abschneiden. Die Teigstücke mit etwas Abstand auf das Backblech legen und im Ofen 15 Minuten backen.

Den **PUDERZUCKER** mit 2 EL Wasser zu einem zähflüssigen Guss verrühren. Die Kekse auf einem Kuchengitter damit überziehen und mit Orangenschalenstreifen dekorieren.

TIPP

Im Fachhandel gibt es spezielle Backformen für Zimtsterne, in die der Teig einfach nur hineingedrückt wird.

1 

2 

3 

4 

40 *Stück* | **20 MIN** *Zubereitung* **2 STD** *Ruhezeit* **15 MIN** *Backzeit*

ZIMTSTERNE

500 g *Puderzucker*
1 gestrichener EL *Zimtpulver*
4 *Eiweiß*
500 g *gemahlene Mandeln*

Den **PUDERZUCKER** in eine Schüssel sieben und mit **ZIMTPULVER** mischen. Die **EIWEISSE** steif schlagen. Den Zimtzucker portionsweise unter den Eischnee rühren und 20 Minuten weiterschlagen. 4 EL Eischnee abnehmen und beiseitestellen. Den Rest mit den **GEMAHLENEN MANDELN** zu einem Teig verkneten. Den Teig zwischen Frischhaltefolie etwa 1 cm dick ausrollen und im Kühlschrank oder Gefrierschrank in 2 Stunden fest werden lassen.

Den Ofen auf 180 °C vorheizen. Die Backbleche mit Backpapier auslegen. Die Teigplatte mit dem restlichen Eiweiß-Zucker-Gemisch bestreichen. Aus dem Teig 40 Sterne ausstechen, dabei zwischendurch den Ausstecher in kaltes Wasser tauchen und von Teigresten befreien. Die Sterne auf die Backbleche legen und jeweils im Ofen 15 Minuten backen. Auf einem Kuchengitter abkühlen lassen.

1

2

3
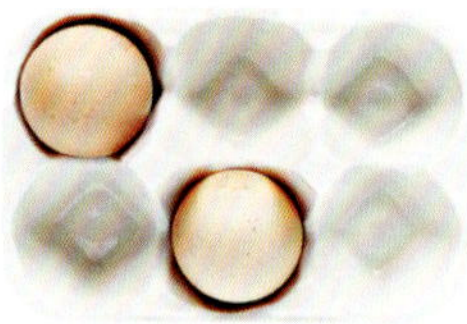

4

5

6

20 *Stück* | **20 MIN** *Zubereitung* **1 STD** *Ruhezeit* **15 MIN** *Backzeit*

ENGELSAUGEN

140 g *zimmerwarme Butter*

140 g *Zucker*

2 *Eier*

210 g *Mehl*

1 Messerspitze *gemahlene Nelken*

50 g *Himbeerkonfitüre*
(wahlweise Johannisbeerkonfitüre)

Die **BUTTER** mit dem **ZUCKER** in einer Schüssel mit dem Handrührgerät schaumig schlagen. Die **EIER** trennen. Die Eigelbe unterrühren. Die Eiweiße beiseitestellen. Das **MEHL** mit den **GEMAHLENEN NELKEN** mischen und unter die Eigelbmasse kneten. Den Teig in Frischhaltefolie wickeln und 1 Stunde kühl stellen.

Den Ofen auf 170 °C vorheizen. Von dem Teig 20 walnussgroße Stücke abstechen. Diese zu Kugeln formen und auf ein Backblech legen. Mit einem Kochlöffelstiel ein Loch in die Mitte drücken und das Loch mit **KONFITÜRE** füllen. Die Eiweiße verschlagen und die Plätzchen damit bestreichen. Die Plätzchen im Ofen in 15 Minuten goldbraun backen. Herausnehmen und abkühlen lassen.

1

2

3

4

5

6

30 *Stück* | **20 MIN** *Zubereitung* **1 STD** *Ruhezeit* **8 MIN** *Backzeit*

MANDELHERZEN

250 g *Butter*
120 g *Puderzucker*
2 *Eigelb*
100 g *gemahlene Mandeln*
350 g *Mehl*
30 *Mandeln*

Die **BUTTER** mit dem **PUDERZUCKER** in einer Schüssel mit dem Handrührgerät schaumig schlagen. 1 **EIGELB** unterrühren, das andere **EIGELB** verquirlen und beiseitestellen. Die **GEMAHLENEN MANDELN** mit dem **MEHL** mischen und unter die Eigelbmasse rühren. Den Teig in Frischhaltefolie wickeln und für etwa 1 Stunde kühl stellen.

Den Ofen auf 200 °C vorheizen. Ein Backblech mit Backpapier auslegen. Den Teig zwischen Frischhaltefolie etwa 0,5 cm dick ausrollen und mit einem Ausstecher 30 Herzen ausstechen. Die Herzen nebeneinander auf das Backblech legen, mit dem übrigen **EIGELB** bestreichen und in die Mitte je 1 **MANDEL** setzen. Die Mandelherzen im Ofen in 8 Minuten goldbraun backen. Herausnehmen und abkühlen lassen.

HERZHAFTES

1

2
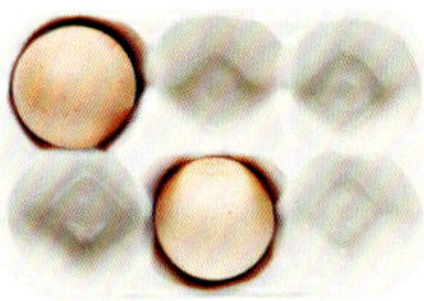

3

4

5

6

1 *Muffinblech*
12 *Stück*

10 MIN *Zubereitung*
15 MIN *Backzeit*

Öl für die Form, Backpulver, Salz

JOGHURTMUFFINS
pikant

4 *Frühlingszwiebeln*
2 *Eier*
250 g *Joghurt*
3 EL *Olivenöl*
3 EL *zarte Haferflocken*
200 g *Mehl*

Den Ofen auf 180 °C vorheizen. Ein Muffinblech mit Öl einfetten. Die **FRÜHLINGSZWIEBELN** putzen, waschen und in feine Röllchen schneiden. Die **EIER** mit dem **JOGHURT** und **OLIVENÖL** in einer Schüssel verrühren. Die **FRÜHLINGSZWIEBELN** und die **HAFERFLOCKEN** unterrühren.

Das **MEHL** mit 2 TL Backpulver und ½ TL Salz mischen, zur Joghurtmasse sieben und kurz unterrühren. Den Teig in die Vertiefungen des Muffinblechs füllen und im Ofen in 15 Minuten goldbraun backen. Herausnehmen und abkühlen lassen.

TIPP

Garam Masala ist eine Gewürzmischung aus der indischen Küche, die sich vielseitig einsetzen lässt.

1

2

3

4

5

6

8 *Stück* | **20 MIN** *Zubereitung* **20 MIN** *Backzeit* | *Salz*

SAMOSAS

300 g *Kartoffeln*

100 g *TK-Erbsen*

1 Bund *Koriandergrün*

1 TL *Garam Masala (Asienladen)*

8 *kleine Platten rechteckiger Blätterteig (aus dem Kühlregal)*

2 *Eigelb*

Den Ofen auf 220 °C vorheizen. Ein Backblech mit Backpapier auslegen. Die **KARTOFFELN** schälen, waschen, klein schneiden und in wenig Salzwasser 10 Minuten garen. Nach 5 Minuten die **ERBSEN** dazugeben und mitgaren, beides abgießen. Das **KORIANDERGRÜN** waschen, trocken schütteln und fein hacken. Mit **GARAM MASALA, KARTOFFELN** und **ERBSEN** in einer Schüssel mischen und alles grob zerdrücken.

Die **TEIGPLATTEN** auf eine Arbeitsfläche legen. Die **EIGELBE** verquirlen, die Teigränder damit bestreichen. Auf eine Seite die Füllung geben und die andere darüberklappen, sodass ein Päckchen entsteht, die Ränder andrücken. Jedes Päckchen mit einem scharfen Messer zweimal einschneiden, damit Dampf entweichen kann, dann auf das Blech legen. Mit dem übrigen **EIGELB** bestreichen. Die Samosas im Ofen in 20 Minuten knusprig backen.

1

2

3

4

1 *rundes Brot* | **10 MIN** *Zubereitung* **35 MIN** *Backzeit* | *Backnatron, Salz*

Irisches HAFERFLOCKENBROT

250 g *Mehl*
1 EL *Zucker*
50 g *zarte Haferflocken*
250 g *Buttermilch*

Den Ofen auf 230 °C vorheizen. Ein Backblech mit Backpapier auslegen. Das **MEHL** mit dem **ZUCKER,** ½ EL Backnatron und 1 EL Salz in einer großen Schüssel mischen. **HAFERFLOCKEN** und **BUTTERMILCH** dazugeben und unterrühren.

Den Teig zu einer Kugel formen, auf das Backblech legen und auf der Oberseite mit einem Messer kreuzweise einritzen. Das Brot im Ofen bei 230 °C 20 Minuten backen, anschließend bei 180 °C in 10–15 Minuten fertig backen.

Dann 2 Minuten abkühlen lassen. Klingt es beim Klopfen auf die Unterseite des Brots hohl, ist es gar.

1 **1** *großes Brot* | **10 MIN** *Zubereitung* **1 STD 10 MIN** *Ruhezeit* **30 MIN** *Backzeit* | *Salz, Pfeffer*

FOCACCIA
mit Kräutern

2 

1 Päckchen *Trockenhefe*
1 EL *flüssiger Honig*
120 ml *Olivenöl*
650 g *Mehl*
2 Zweige *Rosmarin*
4 Stängel *Thymian*

3 

500 ml warmes Wasser in eine große Schüssel geben. **HEFE** und **HONIG** unterrühren und etwa 10 Minuten stehen lassen, bis die **HEFE** schäumt.

4 

4 EL **OLIVENÖL,** je 1 TL Salz und Pfeffer unterrühren. Das **MEHL** dazugeben und mit dem Handrührgerät zu einem Teig verarbeiten. Den Teig abgedeckt an einem warmen Ort in 1 Stunde auf das doppelte Volumen aufgehen lassen.

5 

Den Ofen auf 230 °C vorheizen. Ein Backblech mit dem restlichen **OLIVENÖL** einfetten. **ROSMARIN** und **THYMIAN** waschen, trocken schütteln, fein hacken und unter den Teig kneten. Den Teig zu einem Rechteck ausrollen, auf das Backblech legen und einpassen. Mit den Fingern Vertiefungen in den Teig drücken. Das Brot im Ofen in 30 Minuten goldbraun und knusprig backen.

6 

TIPP

Das Brot ist gar, wenn es beim Klopfen mit den Fingerknöcheln auf die Unterseite hohl klingt.

1 *Brot* | **10 MIN** *Zubereitung* **1 STD** *Ruhezeit* **40 MIN** *Backzeit* | *Salz*

BAGUETTE

125 ml *Milch*
2 EL *Butter*
1 EL *Zucker*
1 Päckchen *Trockenhefe*
300 g *Mehl*

1

2

3

4

5

Die **MILCH** in einem kleinem Topf erwärmen, **BUTTER** und **ZUCKER** unterrühren und den Topf beiseitestellen. Die **HEFE** mit 3 EL lauwarmem Wasser verrühren und 10 Minuten stehen lassen, bis sie Blasen wirft. Anschließend 1 EL Salz unterrühren. Das **MEHL** mit der **MILCH** und der **HEFE** in einer großen Schüssel mit dem Handrührgerät zu einem Teig verkneten. Den Teig abgedeckt an einem warmen Ort in 1 Stunde auf das Doppelte aufgehen lassen.

Den Ofen auf 190 °C vorheizen. Ein Backblech mit Backpapier auslegen. Den Teig zu einem ungefähr 30 x 40 cm großen Rechteck ausrollen, zweimal falten, sodass ein Baguette entsteht. Mit der Handkante entlang der Mitte eine Vertiefung eindrücken, den Teig darüberfalten, wieder zu einer Baguetteform rollen. Das Brot im Abstand von etwa 4 cm diagonal einschneiden und bei 190 °C 15 Minuten backen. Dann bei 180 °C weitere 25 Minuten backen. Aus dem Ofen nehmen, einige Minuten abkühlen lassen, dann einfach in Stücke brechen oder auch diagonal aufschneiden.

1

2

3

4

20 *Stück* | **20 MIN** *Zubereitung* **1 STD** *Ruhezeit* **10 MIN** *Backzeit* | *Salz*

GRISSINI

1 TL *flüssiger Honig*
1 Päckchen *Trockenhefe*
250 g *Mehl*
3 EL *Olivenöl*

Den **HONIG** mit 150 ml warmem Wasser verrühren, bis er aufgelöst ist. Die **TROCKENHEFE** dazurühren und 10 Minuten stehen lassen, bis sie schäumt. Das **MEHL** mit ½ TL Salz mischen, mit 2 EL **OLIVENÖL** zur **HEFE** geben und alles verkneten.

Eine Schüssel mit dem übrigen **OLIVENÖL** einfetten. Den Teig darin hin und her rollen und abgedeckt an einem warmen Ort in etwa 1 Stunde auf das Doppelte aufgehen lassen.

Den Ofen auf 220 °C vorheizen. Ein Backblech mit Backpapier auslegen. Den Teig nochmals kneten und in 4 Stücke teilen. Davon jeweils 5 daumendicke Teigstücke abtrennen, diese zu dünnen Grissini rollen und auf das Backblech legen. Im Ofen in 10 Minuten knusprig backen.

VARIANTE

Die Teigstücke vor dem Backen in Sesamsamen, Steakpfeffer oder gehacktem Rosmarin wenden (wie auf dem Foto zu sehen).